1634

DECLARATION

DV ROY, PORTANT

pouuoir & ampliation aux Huiſſiers & Sergens, tant des Cours
Souueraines que de toutes autres
Iuriſdictions, d'exploiter par
tout le Royaume.

Verifiée en la Grande Chancellerie de
France le 27. Auril 1634.

Auec l'Edict & Arreſt des années
1586. & 1633.

A PARIS,

Par ANTOINE ESTIENE, PIERRE MET-
TAYER & C. PREVOST, Imprimeurs
ordinaires du Roy.

M. DC. XXXIV.

Auec Priuilege de ſa Maieſté.

(4)

OVIS par la grace de Dieu Roy de France & de Nauarre, A tous ceux qui ces presentes Lettres verront, Salut. L E feu Roy Henry I I I. que Dieu absolue, ayant par son Edict du mois de Ianuier 1586. accordé à tous Huissiers & Sergens le pouuoir d'exploicter par tout le Royaume., tous Arrests, Sentences, Obligations & Actes de Iustice, de quelques Iuges & Iurisdictions que ce fust, tant souueraines qu'inferieures, pour éuiter les abus par eux commis dans la liberté qu'ils prenoient, d'y exploicter sans aucune permission, dont s'estoit ensuiuy de grandes plaintes & infinies faussetez & procez entre nos Subjets, pour la cassation des exploicts qui estoient faits par lesdits Huissiers & Sergens: ledit Edict n'ayant esté entierement executé, le feu Roy Henry IV. auroit par Arrest dudit Conseil du 27. Nouembre 1594. confirmé ledit Edict, & fait continuer l'execution d'iceluy iusques en l'année mil six cens dix, qu'il auroit esté reuoqué par Declaration du mois de Iuillet audit an. Mais comme depuis ledit temps la plus grande partie desdits Huissiers & Sergens sont decedez, & d'autres ont vendu & disposé de leursdits Offices, les mesmes plaintes artiuées de toutes les Prouinces en nostre Conseil, de ce que la

plufpart defdits Huiſſiers & Sergens, ſans pouuoir ny permiſſion, ou ſous faux tiltre, exploitent impunément par tout, qui donne lieu aux
plaideurs de faire les inſtances de faux, faire
caſſer des decrets & pluſieurs procedures, dont
nos Subjets ſont grandement foulez. Comme
auſſi pluſieurs defdits Huiſſiers & Sergens ſe
preſentent, qui demandent & requierent iouïr
dudit benefice comme leurs deuanciers, en
payant la finance moderée à laquelle ils ſeront
taxez en noſtredit Conſeil: A CES CAVSES,
ayant fait mettre cét affaire en deliberation en
noſtre Conſeil, & fait repreſenter ledit Edict
des ampliations de ladite année mil cinq cens
quatre vingts ſix. Arreſt de noſtre Conſeil du
vingt-ſept Nouembre 1594. Lettres de Declaration du vingt-deuxiéme Iuillet mil ſix cens
dix, portant reuocation de pluſieurs Edicts, en-
tr'autres dudit Edict de quatre vingts ſix: De
l'Aduis de noſtre Conſeil, où eſtoient aucuns
Princes de noſtre Sang & Officiers de noſtre
Couronne, & de noſtre pleine puiſſance & authorité Royale, Nous auons ſans s'arreſter à
ladite Declaration du mois de Iuillet mil ſix
cens dix, & Arreſts donnez ſur icelle, DICT
& declaré, diſons & declarons, voulons, ordonnons & nous plaiſt que ledit Edict du mois
de Ianuier mil cinq cens quatre vingt ſix, &
Arreſt de noſtre Conſeil du 27. Nouembre mil
cinq cens quatre vingt quatorze, ſoient executez ſelon leur forme & teneur, & ce faiſant
que tous Huiſſiers & Sergens Royaux exploi-

cent dorefnauant par tout noftre Royaume, &
mettent à execution toutes Lettres Patentes,
Arrefts, Iugemens, Ordonnances, Commiſ-
ſions tant de noftre Grande Chancellerie, autres de ce Royaume, Cours Souueraines, Iuges du Trefor, Baillifs, Seneſchaux ou leurs
Lieutenãs, Prefidiaux, Gouuerneurs des Chancelleries, Preuofts, Chaftelains, Eleus, Grand
Maiſtre des Eaux & Forefts, Maiſtres particuliers d'icelles, leurs Lieutenans, Grenetiers au
Grenier à Sel, que de nos autres Iuſticiers &
Officiers generalemét quelconques, eñ ce qui
concernera le miniftere des Sergens, le tout
conformément audit Edict & Arreft de ladite année mil cinq cens quatre vingts ſix & 27.
Nouembre mil cinq cens quatre vingts quatorze, meſmes à l'Arreft de noftre Conſeil d'E-
ftat du 30. iour de Iuillet dernier mil ſix cens
trente-trois, En finançant toutefois par leſdits
Huiſſiers & Sergens qui n'ont ledit pouuoir, ou qui n'ont finance pour raiſon d'iceluy,
la taxe qui en ſera ſur ce faite en noftredit
Conſeil. Et pour auoir cognoiſſance de ceux
qui feront ſubjets de prendre leſdites ampliations, tous leſdits Huiſſiers & Sergens
Royaux, tant deſdits Prefidiaux qu'autres Iuriſdictions ordinaires & extrordinaires, rap-
porteront vn mois apres la publication des
prefentes, leurſdites Lettres de prouifion &
quittances de finance, par deuant les Commiſſaires qui feront deputez ou ſubdeleguez par
les Prouinces, pour recognoiftre s'ils ont ledit

pouuoir, à peine de suspension de leurs charges. Pour estre ceux qui se trouueront auoir
bien & deuëment obtenu ledit pouuoir, con-
seruez & maintenus en la iouïssance d'iceluy:
Et ceux qui se trouueront n'auoir ledit pouuoir, seront contraints au payement de ladite
taxe : & iusques à ce, ne pourront exploiter à
peine de faux , & d'estre procedé contr'eux
ainsi qu'il appartiendra.

SI DONNONS EN MANDEMENT à
nostre tres-cher & feal, le Sieur Seguier, Garde des Seaux de France, de faire lire & publier
le Sceau tenant, ledit Edict, & iceluy enregistrer
és registres de l'Audience de la Grande Chancellerie, pour en iouïr par lesdits Huissiers &
Sergens, pleinement & paisiblement, sans souf-
frir ny permettre qu'il y soit contreuenu en
quelque maniere que ce soit, nonobstant oppositions ou appellations quelconques, tous
Edicts, Arrests, Declarations, & Lettres à ce
contraires , ausquelles pour ce regard nous
auons derogé & derogeons par ces presentes,
& desquelles oppositions ou appellatiós nous
reseruons la cognoissance à nostredit Conseil,
& icelle interdite à toutes nos Cours & Iuges
quelcóques. Enioignons aux Substituts de nos
Procureurs Generaux, Presidiaux, Bureaux de
Finances, Baillifs, Seneschaux & autres Iusti-
ces Royales, de tenir la main à l'execution des
presentes, desquelles dautant que l'on pourra
auoir besoin en plusieurs & diuers lieux, nous
voulons qu'à la copie deuëment collationnée

par l'vn de nos amez & feaux Conſeillers &
Secretaires, foy ſoit adiouſtée comme à l'origi-
nal: C A R tel eſt noſtre plaiſir. En témoin de-
quoy nous auons fait mettre noſtre Seel à ceſ-
dites preſentes, ſauf en autre choſe noſtre
droiɑɑ & l'autruy en toutes. D O N N E' à Chan-
tilly le dix-ſeptiéme iour de Iuillet, l'an de
grace mil ſix cens trente-trois, & de noſtre regne le vingt-quatriéme. Signé, L O V I S: &
ſur le reply, Par le Roy, D E L O M E N I E. Et
ſellée du grand Seau de cire iaune Et encor eſt
écrit:

*Leu, publié le Seau tenant, de l'Ordonnance de
Monſeigneur Seguier, Cheualier, Garde des Seaux
de France, moy Conſeiller du Roy en ſes Conſeils
& Grand Audiencier de France preſent, & regiſtré és regiſtres de l'Audience de France. A Paris
le vingt-ſeptiéme Auril mil ſix cens trente-quatre.*

Signé; L Y O N N E.

E X T R A I C T   D E S   R E G I S T R E S
du Conſeil d'Eſtat.

S V R ce qui a eſté repreſenté au Roy
en ſon Conſeil, que le feu Roy
Henry I I I. ayant par ſon Edict du
mois de Ianuier mil cinq cens qua-
tre vingts ſix, dóné le pouuoir & faculté à tous
Huiſſiers & Sergens Royaux, d'exploiter par
tout le Royaume de France, pour éuiter les
abus qui ſe commettent par eux dans la liberté

qu'ils prenoient d'y exploiter sans aucune permission, dont iournellement y auoit des plaintes & infinies faussetez & procez entre les Subjets pour la cassation des exploicts qui estoient faits par lesdits Huissiers & Sergens : Ledit Edict n'ayant esté entierement executé, le feu Roy Henry I V. auroit par Arrest dudit Conseil du vingt-septiéme Nouembre mil cinq cens quatre vingts quatorze, confirmé ledit Edict, & fait continuer l'execution d'iceluy iusques en l'année mil six cens dix, qu'il auroit esté surcis par Declaration du mois de Iuillet audit an : Mais comme depuis ledit temps, vne partie desdits Huissiers & Sergens sont decedez, & d'autres ont vendu & disposé de leursdits Offices, les mesmes plaintes arriuent de toutes les Prouinces en son Conseil, de ce que la plufpart defdits Huissiers & Sergens, fans pouuoir ny permission, ou fous faux tiltre, exploitent impunément par tout, qui donne lieu aux plaideurs de faire des instances de faux, faire casser des decrets & plusieurs procedures, dont ses Subjets font grandement foulez & oppressez ; Comme aussi plusieurs desdits Huissiers & Sergens se presentent, qui demandent & requierent iouïr dudit benefice comme leurs deuanciers, en payant la finance moderée à laquelle ils seront taxez audit Conseil. V E V par le Roy en son Conseil ledit Edict du mois de Ianuier mil cinq cens quatre vingts six, & Arrest dudit Conseil du vingt-septiéme Nouébre mil cinq cens quatre vingts quatorze.

quatorze. Et tout confideré : LE ROY EN
SON CONSEIL, fans s'arrefter à ladite Declaration du mois de Iuillet mil fix cens dix,
& Arrefts rendus fur icelle, A ordonné & or-
donne que ledit Edict du mois de Ianuier mil
cinq cens quatre vingts fix, & Arreft du Confeil du vingt-feptiéme Nouembre mil cinq
cens quatre vingts quatorze, feront executez
felon leur forme & teneur, & en ce faifant
qu'il fera permis à tous Huiffiers & Sergens
Royaux, d'exploiter par tout le Royaume de
France, & mettre à execution toutes Lettres
Patentes, Arrefts, Iugemens, Ordonnances,
Commiffions & Sentences, tant de la Grande
Chancellerie, qu'autres de ce Royaume, Cours
Souueraines & Iuges du Trefor, Baillifs, Senefchaux ou leurs Lieutenans, Sieges Prefidiaux, Gouuerneurs des Chancelleries, Preuofts, Chaftelains, Eleus, Grands Maiftres des
Eaux & Forefts, Maiftres particuliers d'icelles,
leurs Lieutenans, Grenetiers aux Greniers à
Sel, qu'autres Iufticiers & Officiers generale-
ment quelconques, en ce qui concernera le
miniftere des Sergens; le tout fuiuant & conformément audit Edict & Arreft, en payant
par lefdits Huiffiers & Sergens la finance dont
fera fait taxe audit Confeil, de laquelle leur fera deliuré quittance par le Treforier des Parties Cafuelles, & fur icelles toutes Lettres ré-
quifes & neceffaires expediées. ORDONNE
fa Majefté qu'vn mois apres la publication qui
fera faite du prefent Arreft en tous les Prefi-

diaux, Bailliages, Seneschauſſées & autres Iu-
ſtices de ce Royaume, tous leſdits Huiſſiers
& Sergens Royaux qui n'ont pouuoir d'exploiter par tout le Royaume, ſoient tenus de
payer la finance à laquelle ils ſeront taxez pour
iouïr dudit pouuoir, & de rapporter par deuāt
les Commiſſaires qui ſerōt deputez par ſa Majeſté ou ſubdeleguez par les Prouinces, leurs
Lettres de prouiſion de leurſdits Offices &
quittances de finance par eux payées, pour re-
cognoiſtre s'ils ont ledit pouuoir, à peine de
ſuſpenſion de leurſdites charges, pour eſtre
ceux qui ſe trouueront auoir bien & deuëment
obtenu ledit pouuoir, conſeruez & maintenus
en la iouïſſance d'icelles, & ceux qui ſe trouueront n'auoir ledit pouuoir, ſeront contraints
payer ladite taxe, & iuſques à ce ne pourront
exploiter, à peine de faux, & d'eſtre procedé
contr'eux ainſi qu'il appartiendra: Et ſera le
preſent Arreſt executé nonobſtāt oppoſitions
ou appellations quelconques, deſquelles ſi au-
cunes interuiennēt, ſa Majeſté s'eſt reſeruée la
cognoiſſance à ſoy & à ſon Conſeil, & icelle
interdite à toutes ſes Cours & Iuges quelconques. F A I C T au Conſeil d'Eſtat du Roy, tenu
à Paris le trentiéme iour de Iuillet mil ſix cens
trente-trois. Signé, CORNVEL.

L O V I S par la grace de Dieu Roy de France
& de Nauarre, A noſtre Huiſſier ou Sergent premier ſur ce requis. Novs te mandons
& commandons, que l'Arreſt dont l'extraict

eſt cy-attaché ſous le contre-ſeel de noſtre
Chancellerie , ce iourd'huy donné en noſtre
Conſeil d'Eſtat , en execution de noſtre Ediᶜᵗ
du mois de Ianuier mil cinq cens quatre vingts
ſix , l'Arreſt de noſtredit Conſeil du vingt-
ſeptiéme Nouembre mil cinq cens quatre
vingts quatorze , portant pouuoir & faculté à
tous Huiſſiers & Sergens Royaux, d'exploiter
par tout noſtre Royaume , tu ſignifies à tous
qu'il appartiendra , à ce qu'ils n'en pretendent
cauſe d'ignorance , & que leſdits Huiſſiers &
Sergens ayent à y ſatis faire, & conformément
à iceluy , payer les ſommes auſquelles ils ſeront
taxez pour iouïr dudit pouuoir , & leur faits
les contraintes , defenſes & autres exploits
neceſſaires pour l'execution d'iceluy , ſans demander autre permiſſion : Et ſera adjouſté foy
comme aux orignaux, aux copies dudit Arreſt
& des preſentes collationnées par l'vn de nos
amez & feaux Conſeillers & Secretaires: CAR
tel eſt noſtre plaiſir. DONNE' à Paris le trentiéme iour de Iuillet , l'an de grace mil ſix cens
trente-trois , & de noſtre regne le vingt-quatriéme. Signé , Par le Roy en ſon Conſeil,
CORNVEL, & ſeellé du grand Seel de cire
iaune.

EDICT DV ROY, POVR

l'augmentation du pouuoir attribué à tous les Huißiers & Sergens, tant des Cours Souueraines que des Iurisdictions inferieures, pour exploiter par tout le Royaume.

Publié en Parlement, le Roy y seant, le seiziéme Iuin 1586.

ENRY par la grace de Dieu Roy de France & de Pologne, A tous presens & à venir, Salut. LES feus Roys nos predecesseurs d'heureuse memoire, que Dieu absoluë, considerans cy-deuant, que la sincere administration de la Iustice estoit vn des principaux moyens pour tenir leurs peuples en deuoir & regner pacifiquement, auroient d'ancienneté estably Iuges & Magistrats pour l'exercice de ladite Iustice és lieux où se trouuoit en estre besoin: Mais parce que les Ordonnances & Iugemens de ces Iuges & Magistrats sembloient demeurer inutils, pour n'estre par le ministere d'autruy, signifiez & executez selon qu'il estoit requis, nosdits predecesseurs Roys auroient aussi creé & estably prés desdits Iuges & és autres lieux, Villes & Villages de l'estenduë de leurs ressorts & Iurisdictions, des Sergens Royaux, auec pouuoir de mettre à execution seulement les Ordonnances & Iugemens defdits Iuges, enfemble les contracts & obligations paffées fous les Seaux eftablis és lieux de leur refidence. Chofe qui a toufiours apporté telle longueur & incommodité à nos Subjets, lefquels pour eftre contraints prendre de lieu en lieu des Sergens, font conftituez à infinis frais, Que le plus fouuent les Iugemens & obligations qu'ils defiroient faire mettre à execution, leur demeuroient inutils. Ce qu'ayant efté remonftré au feu Roy Charles dernier decedé, noftre tres-cher Sieur & Frere, il auroit pour à ce pouruoir par fon Edict du mois de May mil cinq cens foixante-huict, & Declaration du vnziéme iour de Septembre enfuiuant, verifiez où befoin a efté, Voulu & ordonné, Que nos Huiffiers & autres Sergens Royaux és Bailliages, Senefchauffées & autres Iurifdictions ordinaires & Royales, pourroient mettre à execution en tous les lieux & endroits de ce Royaume & Païs de noftre obciffance, tous Arrefts, Séntences, Iugemens, obligations & tous autres Actes gifans en execution, fans prendre ou demander aucun congé, permiffion, placet, vifa ou pareatis : Et outre ce crée encores par autre fon Edict, quelque nombre de Sergens à cheual, outre le nombre ancien, efperant par ce moyen releuer de cette premiere incommodité nofdits Sujets : lefquels toutefois font demeurez priuez en cedit endroit de la fincere intention de noftre feu Seigneur & Frere, par la contention des autres

Sergens, lesquels ont pertinacement pourfui-
uy la reuocation desdits pouuoir & augmentation portée par nostre Edict du mois de Iuin
mil cinq cens soixante dix-neuf. Et parce que
nous desirons, à l'imitation de nosdits predecesseurs Roys, soulager nosdits Subjets en tout ce
qui nous sera possible : Et apres auoir mis cét
affaire en deliberation auec les Gens de nostredit Conseil, Avons par ce present nostre
Edict perpetuel & irreuocable, dit, declaré &
ordonné, disons, declarons & ordonnós, voulons & nous plaist, que toutes les executions
des Lettres Patentes expediées tant en nostre
grande Chancellerie que autres de ce Royaume, Arrests, Iugemens, Ordonnances & Com-
missions de nos Cours de Parlemens, Cours
des Aydes, Chambres de nos Comptes, & autres nos Cours Souueraines, & semblablement
les Sentences tant des Iuges du Tresor, Baillifs, Seneschaux ou leurs Lieutenans, Sieges
Presidiaux, Gouuerneurs des Chancelleries,
Preuosts, Chastelains, Eleus, Grands Maistres
de nos Eaux & Forests, Maistres particuliers
d'icelles & leurs Lieutenans, Greneriers des
Greniers à Sel, que de tous autres nos Iusti-
ciers & Officiers quelconques, soient doresna-
uant executez en ce qui concernera le ministere de Sergens, par le premier des Huissiers de
nosdites Cours de Parlemens, des Aydes,
Chambres de nos Comptes, & autres Cours
Souueraines, des Eaux & Forests & Iuges du
Tresor, Sergens Royaux des Bailliages, Senes-

hauſſées, Preuoſtez, Sieges Preſidiaux, Ele-
ctions, Greniers à Sel, des Tailles & Taillon,
Paroiſſes, Sergens fieffez & autres pqurueus
de nous & nos predeceſſeurs Roys en toutes
les Iuriſdictions ordinaires, extrordinaïres &
Royales: Et ce par tous les lieux & endroits
de noſtre Royaume, Païs, Terres & Seigneu-
ries de noſtre obeïſſance, que beſoin ſera, ſans
pour ce prendre ou demander aucun congé,
permiſſion, placet viſa, ne pareatis: nonob-
ſtant la diſtinction des reſſorts ſous leſquels
leſdits Huiſſiers & Sergens ont eſté eſtablis, ny
la reſidence qui leur eſt limitée par léurs pro-
uiſions & receptions eſdits Offices. Voulons
auſſi qu'auſdits Huiſſiers & Sergens allans exploiter hors l'eſtenduë de leurs Iuriſdictions,
leur ſoit fait taxe ſur noſtre Edict du mois de
Iuin mil cinq cens ſoixante dix-neuf, portant
reuocation d'icelle, & augmentation dudit
pouuoir cy-deuant attribué auſdits Huiſſiers
& Sergens, que nous auons reuoqué & reuo-
quons. Et afin que noſtre preſente intention
ſoit entierement ſuiuie, defendons tres-expreſ-
ſement à tous nos Iuges & Officiers, Syndics &
Procureurs des Eſtats de nos Prouinces, & à
tous autres, d'empeſcher ou retarder l'executió
de noſdites Lettres, Arreſts, Sentéces & Com-
miſſions, ſous pretexte dudit pareatis ny autre-
ment, à peine d'en répódre en leurs propres &
priuez noms: ſans toutefois que leſdits Huiſſiers & Sergens puiſſent changer le lieu de leur
reſidence: ains ſeront tenus en faire expreſſe

mention en leurs procés verbaux, & des Sieges
& Iurifdictions où ils auront esté receus & im-
matriculez : gardant au surplus en faifant lefdits exploits, les Reglemens portez par nos
Edicts & Ordonnances, à peine de nullité de
tout ce qui feroit par eux fait au contraire. Et
parce que lefdits Huifliers & Sergens ne pourroient jouïr du pouuoir à eux attribué par ce
noftre prefent Edict, fans prendre de neus Lettres d'ampliation, Nous voulons & entendons
que dedans vn mois apres la publication des
prefentes pour tout delay, tous lefdits Huiffiers & Sergens foient tenus prendre de nous,
nos Lettres de permiffiõ pour iouïr dudit pouuoir, en nous payant la finance à quoy pour
raifon de ce ils feront taxez en noftredit Confeil, pour eftre les deniers qui en prouiendront
employez en nos prefens, vrgens & preffez af-
faires, quelques Lettres qu'ils puiffent auoir
cy-deuant obtenuës pour mefme effect, que ne
voulons auoir lieu. Et où lefdits Huifliers ou
Sergens feroient fi peu affectionnez au foula-
gemét du public, & à la commodité qu'ils peu-
uent receuoir de ladite augmentation de pouuoir, que negliger à venir prendre nofdites
Lettres de permiffion dedans le temps fufdit,
Entendons que iceluy paffé ils ne foient plus
receus, ains qu'ils foient rembourfez de la finance qu'ils monftreront auoir payée en nos
Parties Cafuelles pour la compofition de leurs
Offices, fans fraude ou déguifement, & de
leurs loyaux coufts, pour apres eftre par nous
pourueu

pourueu efdits Offices en leurs places, autres
perfonnes fuffifantes & capables. Enjoignons
tres-expreffément à tous nos Iuges proceder
contre ceux defdits Huiffiers ou Sergens qui fe
trouueront auoir exploité hors leurs reſſorts
& refidence, fans auoir obtenu nofdites Lettres
de permiffion en vertu defdites prefentes, & ce
par priuation de leurs Offices, & fans aucune
moderation de peine. A quoy mandons à nos
Procureurs des lieux tenir la main, & en faire
toutes les pourfuites, perquifitions & diligen-
ces qui feront requifes, mefmes enuoyer le iu-
gement qui interuiédra, felon que deffus eft dit,
à noftre Procureur au Siege où ledit Huiffier
ou Sergent aura efté immatriculé, afin de le faire rayer du matricule. Et dautant qu'à l'occa-
fion des prefens troubles & difficulté des che-
mins, il feroit mal-aifé que lefdits Huiffiers ou
Sergens peuffent librement venir par deuers
nous prendre l'expedition de nofdites Lettres
de permiffion: Nous, pour leur foulagement &
éuiter à frais, permettons aufdits Huiffiers &
Sergens prendre lefdites Lettres (fi bon leur
femble) de noftre grand Seel, ou de celuy de
nos Chancelleries eftablies lez nos Parlemens,
à leur choix & option: lefquelles Lettres nous
auons dés à prefent validées & authorifées, va-
lidons & authorifons: pour le Seau de chacu-
ne defquelles, ordonnons toutefois eftre feu-
lement payé dix fols tournois. Et neantmoins
pour faire cognoiftre aufdits Huiffiers ou Sergens le defir qu'auons de les gratifier, en con-

fideration du prompt fecours que receurons
d'eux, en les accommodant de ladite augmentation de pouuoir, Permettons dés à prefent à
ceux defdits Huiffiers ou Sergens, qui auront
leué leurs Lettres de permiffion fuiuant noftre prefent Edict, refigner fans payer finance
pour la premiere fois leurs Offices, auec ladite
augmentation de pouuoir, comme iointe à
iceux, à telles perfonnes capables qu'ils adui-
feront. Et dauantage, pour recompenfer lefdits Sergens à cheual de l'intereft qu'ils pourroient pretendre au moyen de la prefente at-
tribution de pouuoir, leur auons auffi permis
& permettons refigner pour la premiere fois
leurfdits Offices à perfonnes capables, fans
pour ce payer aucune finance, laquelle de
grace fpeciale leur remettós, à quelque fomme
qu'elle fe puiffe monter, par cefdites prefentes:
Par lefquelles donnons en mandement à nos
amez & feaux Confeillers, les Gens tenans nos
Cours de Parlemens, Baillifs, Senefchaux &
autres nos Iufticiers & Officiers qu'il appartiendra, que cefdites prefentes ils facent lire,
publier & enregiftrer, garder, entretenir & ob-
feruer felon leur forme & teneur, & du contenu iouïr & vfer pleinement & paifiblement
lefdits Huiffiers & Sergens, ceffans & faifans
ceffer tous troubles & empefchemens au contraire: le tout nonobftant oppofitions ou appellations quelconques, & fans preiudice d'i-
celles, defquelles auons retenu & referué la
cognoiffance, icelle interdifant à toutes nos

Cours de Parlemens & Iuges quelconques :
CAR tel est nostre plaisir, Nonobstant nostredit Edict du mois de Iuin mil cinq cens soixante dix-neuf, portant les reuocations susdites
faites à la poursuite desdits Sergens à cheual,
Arrests donnez sur la verification & en consequence d'icelles, tant en nos Cours de Parlemens, qu'en nostre Conseil d'Estat, en faueur
desdits Sergens à cheual, & quelconques autres Edicts, Ordonnances, Mandemens, Defenses & Lettres à ce contraires : Ausquelles,
& aux derogatoires des derogatoires y conte-
nuës, nous auons derogé & derogeons par ces-
dites presentes. Et afin que ce soit chose fer-
me & stable à toujours, nous auons à icelles
fait mettre nostre Seel, sauf en autre chose nostre droict & l'autruy en toutes. DONNE à
Paris au mois de Ianuier, l'an de grace mil
cinq cens quatre vingts six, & de nostre regne
le douziéme. Signé, HENRY : & plus bas,
PINART. Et seellé du grand Seel de cire
verte, auec lacs de soye rouge & verte. Et sur
ledit reply est écrit :

Leu, publié & regiſtré en la Cour de Parlement.
Oüy & conſentant le Procureur General, le Roy y
ſeant, le ſeiziéme iour de Iuin, l'an mil cinq cens
quatre vingts six.   Signé, DEHEVIZ.

Collationné aux originaux par moy Conseiller
Secretaire du Roy, & de ses Finances.

EXTRAICT DE LA DECLARATION
du Roy, portant les Priùileges accordez aux Imprimeurs de sa Majesté.

*P*Ar Declaration de sadite Majesté du 22. Feburier 1620. verifiée en Parlement le 7. Mars, Chambre des Comptes le 8. Aoust, Cour des Aydes le 6. Octobre, Chastelet le 17. Nouembre, & Bailliage du Palais le 27. de Septembre audit an, Ensemble par plusieurs Arrests tant du Conseil d'Estat que dudit Parlement & Sentences dudit Chastelet contradictoirement donnez en consequence de ladite Declaration, les 8. Ianuier 1626. vingtiéme May & 18. Aoust 1627. & autres, Et encor par autre Arrest du Parlement & Commission sur iceluy, portant permission de saisir, donnez en la presente année 1634. Il est permis à ANTOINE ESTIENE & Pierre Mettayer, Imprimeurs ordinaires de sadite Majesté, d'imprimer & vendre seuls les Edicts, Ordonnances, Reglemens, Declarations & Arrests tant du Conseil que des Cours Soueraines, Baux generaux & particuliers, & autres expeditions concernans les Finances, Aydes, Tailles & Gabelles, &c. Auec defenses à tous autres Imprimeurs, Libraires & autres, de les imprimer ou faire imprimer, vendre & distribuer en quelque sorte ou maniere que ce soit, sur peine de cinq cens liures d'amende. Voulant à cét effet sadite Majesté, que ce qui se trouuera imprimé de ce que dessus, par autres que lesdits Estiene & Mettayer, soit saisy & cancellé comme nul & faux, & fait contre le commandement & authorité de sadite Maiesté; ainsi qu'il est plus au long contenu en ladite Declaration.

La presente Declaration a esté deuëment signifiée à tous les Imprimeurs & Libraires, par Tempeste Sergent à verge au Chastelet de Paris, ledit mois & an que dessus.